EL LIBRITO DE INSTRUCCIONES DE DIOS DE DIOS PARA

Mujeres

¡INSPIRACIÓN Y SABIDURÍA PARA
UNA VIDA PLENA Y FELIZ!

Unilit · HONOR BOOKS · Sepa

Publicado por
Editorial Unilit
Miami, FL 33172
Derechos reservados

© 1997, 2011 Editorial Unilit (Spanish translation)
Primera edición 1997
Nueva edición 2011

© 1996 por Honor Books, Inc.
Originalmente publicado en inglés con el título:
God's Little Instruction Book for Women.
Publicado por Honor Books, Inc.
Tulsa, Oklahoma 74155

Traducción: Moisés Ramos
Edición: Nancy Pineda
Diseño cubierta /interior: Alicia Mejias
Fotografías de la cubierta e interior: ©2011, Eric Gevaert/mcherevan
Usada con la autorización de Shutterstock.com

A menos que se indique lo contrario, las citas bíblicas se tomaron de la Santa Biblia, *Nueva Versión
Internacional.* © 1999 por la Sociedad Bíblica Internacional.
El texto bíblico indicado con «NTV» ha sido tomado de la *Santa Biblia,* Nueva Traducción Viviente,
© Tyndale House Foundation 2008, 2009, 2010. Usado con permiso de Tyndale House Publishers,
Inc., 351 Executive Dr., Carol Stream, IL 60188, Estados Unidos de América. Todos los derechos
reservados.
El texto bíblico ha sido tomado de la versión Reina Valera © 1960 Sociedades Bíblicas en América
Latina; © renovado 1988 Sociedades Bíblicas Unidas.
Utilizado con permiso.
Reina-Valera 1960° es una marca registrada de la American Bible Society, y puede ser usada solamente
bajo licencia.
Las citas bíblicas señaladas con DHH se tomaron de *Dios Habla Hoy,* la Biblia en Versión Popular por
la Sociedad Bíblica Americana, Nueva York. Texto © Sociedades Bíblicas Unidas 1966, 1970, 1979.
Las citas bíblicas señaladas con LBLA se tomaron de la Santa Biblia, *La Biblia de Las Américas.*
© 1986 por The Lockman Foundation.
Las citas bíblicas señaladas con LBD se tomaron de la Santa Biblia, *La Biblia al Día.* © 1979 por la
Sociedad Bíblica Internacional.

Producto 498345
ISBN 0-7899-0352-0
ISBN 978-0-7899-0352-5
Impreso en Colombia
Printed in Colombia

Categoría: Vida cristiana/Vida práctica/Mujeres
Category: Christian Living/Practical Life/Women

Introducción

El librito de instrucciones de Dios para mujeres es una colección
de citas y dichos dinámicos que contienen la sabiduría de los
siglos. Cada cita la acompaña un pasaje de la Escritura, con
un énfasis en las experiencias prácticas y espirituales de las
mujeres de hoy. Juntas ofrecen consuelo y dirección, esperanza
y aliento... y hasta una que otra risa.

Este librito será una lectura amena, pero que a la vez invita a la
reflexión. Te desafiará a ensanchar tus perspectivas y a cumplir
tu potencial como mujer. Ya sea que estés activa en un empleo
o en el hogar, estos pensamientos de aplicación permanente
renovarán tu ser interior y te darán, por añadidura, sano
consejo. Disfruta tu tiempo leyendo estas páginas... ¡muchas
se escribieron solo para ti!

Mi tarea es ocuparme de lo posible y encomendar a Dios lo imposible.

En ti confían los que conocen tu nombre, porque tú, Señor, jamás abandonas a los que te buscan.

Salmo 9:10

Cuando la madre Teresa recibió su Premio Nobel de la Paz, se le preguntó: «¿Qué podemos hacer para promover la paz mundial?». Respondió: «Váyanse a casa y amen a su familia».

Que nunca te abandonen el amor y la verdad:
llévalos siempre alrededor de tu cuello y escríbelos
en el libro de tu corazón.

Proverbios 3:3

Nunca eres más alta que cuando estás de rodillas.

Humíllense delante del Señor,
y él los exaltará.

Santiago 4:10

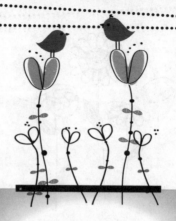

Entrega tus problemas a Dios; de todos modos, Él no va a dormir en toda la noche.

No permitirá que tu pie resbale;
jamás duerme el que te cuida.

Salmo 121:3

Debemos aprovechar cada
oportunidad de impartir aliento.
El aliento es oxígeno para el alma.

Es muy grato dar la respuesta adecuada,
y más grato aun cuando es oportuna.

Proverbios 15:23

Tú puedes dar sin
amar, pero no puedes
amar sin dar.

Porque de tal manera amó Dios al mundo, que ha
dado a su Hijo unigénito, para que todo aquel que
en él cree, no se pierda, mas tenga vida eterna.

Juan 3:16, RV-60

Cuando llego al punto en que no puedo más, Dios está allí para hacerse cargo de la situación.

Dios ha dicho: «Nunca te dejaré; jamás te abandonaré».

Hebreos 13:5

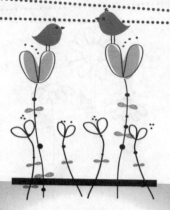

El Señor puede hacer grandes cosas por medio de quienes no les importa quién reciba el honor.

El orgullo termina en humillación, mientras que la humildad trae honra.

Proverbios 29:23, NTV

Lo que la luz del sol es a las flores, son las sonrisas a la humanidad. Sin duda, son poca cosa, pero esparcidas a lo largo del sendero de la vida, el bien que hacen es asombroso.

El corazón alegre hermosea el rostro.

Proverbios 15:13, RV-60

Me arrepiento a menudo de haber hablado; pero nunca de haber guardado silencio.

El que mucho habla, mucho yerra;
el que es sabio refrena su lengua.

Proverbios 10:19

«Yo perdono, pero no olvido», es otra manera de decir: «No perdonaré». El perdón debe ser como un pagaré cancelado: partido en dos y quemado, de modo que nunca se pueda presentar en contra de uno.

Más bien, sean bondadosos y compasivos unos con otros, y perdónense mutuamente, así como Dios los perdonó a ustedes en Cristo.

Efesios 4:32

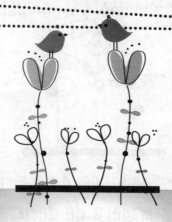

La preocupación es como una mecedora: te mantiene ocupada, pero no te lleva a ningún lado.

Pongan todas sus preocupaciones y ansiedades en las manos de Dios, porque él cuida de ustedes.

1 Pedro 5:7, NTV

Si miras a tu alrededor, te angustiarás; si miras a tu interior, te deprimirás; si miras a Jesús, tendrás descanso.

En mi angustia invoqué al Señor, y él me respondió.

Salmo 120:1

No hay mayor amor que el amor que se sostiene donde no parece quedar nada de qué sostenerse.

El amor jamás se extingue.

1 Corintios 13:8

Las oraciones diarias disminuirán
tus preocupaciones.

Mañana, tarde y noche clamo en medio de mi
angustia, y el Señor oye mi voz.

Salmo 55:17, NTV

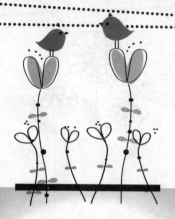

Sé como un sello postal: adhiérete a una cosa hasta que llegues allí.

Manténganse firmes e inconmovibles, progresando siempre en la obra del Señor, conscientes de que su trabajo en el Señor no es en vano.

1 Corintios 15:58

La buena risa es luz de sol dentro de una casa.

La luz de los ojos [de aquel cuyo corazón está gozoso] alegra el corazón [de otros].

Proverbios 15:30, RV-60

Cada acto de amor dice en voz
alta y muy clara: «Te amo.
Dios te ama. Te considero importante.
Dios te considera importante».

Queridos hermanos, amémonos los unos a los otros,
porque el amor viene de Dios, y todo el que ama ha
nacido de él y lo conoce [...] porque Dios es amor.

1 Juan 4:7-8

He tenido muchas cosas en mis manos y todas las he perdido; pero las que he puesto en las manos de Dios, siempre las poseo.

Porque yo sé en quién he puesto mi confianza y estoy seguro de que él es capaz de guardar lo que le he confiado hasta el día de su regreso.

2 Timoteo 1:12, NTV

Una buena acción nunca se pierde;
la que siembra cortesía cosecha
amistad, y la que planta bondad
recoge amor.

Cada uno cosecha lo que siembra [...] No nos cansemos
de hacer el bien, porque a su debido tiempo
cosecharemos si no nos damos por vencidos.

Gálatas 6:7, 9

Las palabras amables pueden ser
breves y fáciles de decir, pero
ten la seguridad que
su eco no tiene fin.

Cuando habla, lo hace con sabiduría; cuando
instruye, lo hace con amor.

Proverbios 31:26, NTV

Nada le gana al amor a primera vista excepto el amor con discernimiento.

La sabiduría es lo primero. ¡Adquiere sabiduría!
Por sobre todas las cosas, adquiere discernimiento.

Proverbios 4:7

Una casa está hecha de paredes y vigas; un hogar está hecho de amor y sueños.

Más vale comer verduras sazonadas con amor que un festín de carne sazonada con odio.

Proverbios 15:17

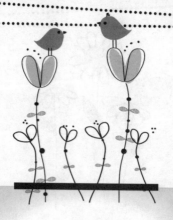

La mejor manera de retener a un hombre es en tus brazos.

El hombre debe cumplir su deber conyugal con su esposa, e igualmente la mujer con su esposo.

1 Corintios 7:3

El noventa por ciento de las fricciones
de la vida cotidiana la causa
el tono de la voz.

Es muy grato dar la respuesta adecuada,
y más grato aun cuando es oportuna.

Proverbios 15:23

Perdonar es dar amor cuando
no hay razón para hacerlo.

Dios bendice a los compasivos,
porque serán tratados con compasión.

Mateo 5:7, NTV

Nada es tan fuerte
como la bondad.
Nada es tan bondadoso como
la verdadera fortaleza.

Tú me cubres con el escudo de tu salvación,
y con tu diestra me sostienes; tu bondad
me ha hecho prosperar.

Salmo 18:35

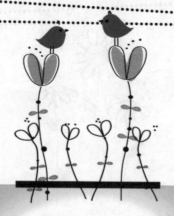

Todos tienen constancia.
Los que tienen éxito han
aprendido a usarla.

La constancia debe llevar a feliz término
la obra, para que sean perfectos e íntegros,
sin que les falte nada.

Santiago 1:4

Cuidado con la tentación;
cuanto más la mires, mejor
te parecerá.

Vigilen y oren para que no
caigan en tentación.

Marcos 14:38

Es muy consolador dejar caer los enredos de la vida en las manos de Dios y dejarlos allí.

Entrégale tus cargas al Señor,
y él cuidará de ti.

Salmo 55:22, NTV

La amistad mejora la felicidad, y reduce la miseria, al duplicar nuestro gozo y dividir nuestra tristeza.

En todo tiempo ama el amigo, y es como un hermano en tiempo de angustia.

Proverbios 17:17, RV-60

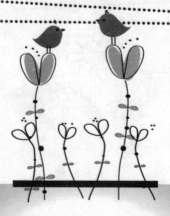

Todos tenemos un letrero invisible colgado del cuello que dice: «¡Hazme sentir importante!».

Así que aliéntense y edifíquense unos a otros, tal como ya lo hacen.

1 Tesalonicenses 5:11, NTV

Nunca puedes realizar una acción amable demasiado pronto, ¡porque nunca sabes cuán pronto será demasiado tarde!

Anímense unos a otros cada día, mientras dura ese «hoy».

Hebreos 3:13, DHH

Amontona cada poquito de crítica entre dos capas de alabanza.

Corrige, reprende y anima con mucha paciencia, sin dejar de enseñar.

2 Timoteo 4:2

En tiempos de prueba, no dejes de probar.

No nos cansemos de hacer el bien, porque a su debido tiempo cosecharemos si no nos damos por vencidos.

Gálatas 6:9

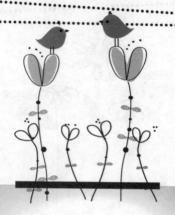

Amar lo que haces y sentir que tiene importancia, ¿qué podría ser más divertido?

Cuando comas del trabajo de tus manos,
dichoso serás y te irá bien.

Salmo 128:2, LBLA

La vida es una moneda.
Puedes gastarla de la forma
que quieras, pero puedes hacerlo
una sola vez.

¿Qué es su vida? Ustedes son como
la niebla, que aparece por un momento
y luego se desvanece.

Santiago 4:14

La diligencia es la madre de la buena suerte.

La mano de los diligentes enriquece.

Proverbios 10:4, RV-60

El día más desperdiciado de todos es aquel en el que uno no ha reído.

El corazón alegre se refleja en el rostro, el corazón dolido deprime el espíritu.

Proverbios 15:13

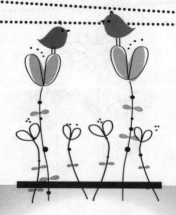

Tú puedes realizar más
en una hora con Dios, que
toda una vida sin Él.

Compórtense sabiamente [...] aprovechando al
máximo cada momento oportuno.

Colosenses 4:5

La valentía es resistencia al temor, dominio sobre el temor. No la ausencia del temor.

Por lo tanto, pónganse toda la armadura de Dios, para que cuando llegue el día malo puedan resistir hasta el fin con firmeza. Manténganse firmes.

Efesios 6:13-14

El arte de ser sabio es el
de saber lo que
hay que pasar por alto.

El buen juicio hace al hombre paciente;
su gloria es pasar por alto la ofensa.

Proverbios 19:11

El triunfo es solo la suma del intento con la persistencia.

No nos cansemos de hacer el bien, porque a su debido tiempo cosecharemos si no nos damos por vencidos.

Gálatas 6:9

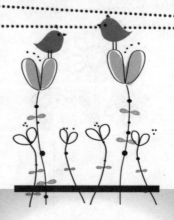

A las personas no les interesa cuánto sabes, hasta que sepan cuánto te interesas por ellas.

Si tengo el don de profecía y entiendo todos los misterios y poseo todo conocimiento, y si tengo una fe que logra trasladar montañas, pero me falta el amor, no soy nada.

1 Corintios 13:2

Las buenas palabras valen
mucho, y cuestan poco.

Panal de miel son las palabras amables:
endulzan la vida y dan salud al cuerpo.

Proverbios 16:24

Desconozco el secreto del éxito, pero la clave del fracaso es tratar de agradar a todo el mundo.

Nadie puede servir a dos señores, pues menospreciará a uno y amará al otro, o querrá mucho a uno y despreciará al otro.

Mateo 6:24

Nadie es inútil en este mundo si hace más llevadera la carga de cualquier otra persona.

Ayúdense unos a otros a llevar sus cargas,
y así cumplirán la ley de Cristo.

Gálatas 6:2

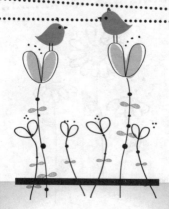

No vayas a donde te lleve el sendero; en lugar de eso, ve a donde no haya camino y deja uno detrás de ti.

Entonces tus oídos oirán a tus espaldas palabra que diga: Este es el camino, andad por él; y no echéis a la mano derecha, ni tampoco torzáis a la mano izquierda.

Isaías 30:21, RV-60

Hay una sola cosa que resiste los embates de la vida a través de todo su curso: una conciencia tranquila.

Si tenemos la conciencia tranquila, tranquila y confiadamente podremos presentarnos ante Dios.

1 Juan 3:21, LBD

Mi obligación es hacer lo justo. El resto queda en las manos de Dios.

Ya que sabemos que Cristo es justo, también
sabemos que todos los que hacen lo que es
justo son hijos de Dios.

1 Juan 2:29, NTV

Espera grandes cosas de Dios. Emprende grandes cosas para Dios.

Ciertamente les aseguro que el que cree en mí las obras que yo hago también él las hará, y aun las hará mayores, porque yo vuelvo al Padre.

Juan 14:12

¿Amas la vida?
Entonces, no malgastes el tiempo,
pues es el material de
que está hecha.

Recuerda lo breve que es mi vida.

Salmo 89:47, NTV

El césped puede ser más
verde del otro lado de
la cerca, pero aun así hay
que cortarlo.

Conténtense con lo que tienen.

Hebreos 13:5

Toda tarea es un autorretrato del que la realiza. Firma tu trabajo con excelencia.

Muchas mujeres hicieron el bien; mas tú sobrepasas a todas.

Proverbios 31:29, RV-60

Los mayores logros son los que benefician a otros.

Mientras más humildes sirvamos a los demás, más grandes seremos. Para ser grande, sirve.

Mateo 23:11, LBD

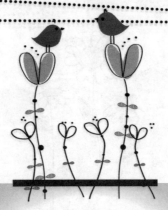

La tarea que ya comenzaste,
no la dejes sin terminar.
Ya sea grande o pequeña, hazla
bien o no la hagas.

Todo lo que hagas, hazlo bien.

Eclesiastés 9:10, NTV

Prefiero caminar con Dios en la oscuridad que andar solo en la luz.

Aunque ande en valle de sombra de muerte, no temeré mal alguno, porque tú estarás conmigo; tu vara y tu cayado me infundirán aliento.

Salmo 23:4, RV-60

Todos nuestros sueños pueden hacerse realidad, si tenemos la valentía de perseguirlos.

Esfuérzate, sé valiente y haz *la obra*; no temas ni te acobardes, porque el SEÑOR Dios, mi Dios, está contigo.

1 Crónicas 28:20, LBLA

Recuerda a la banana,
cuando deja el racimo,
la pelan.

No dejemos de congregarnos, como acostumbran
hacerlo algunos, sino animémonos unos a otros, y con
mayor razón ahora que vemos que aquel día se acerca.

Hebreos 10:25

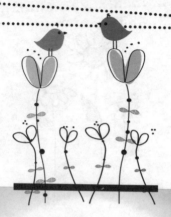

Las decisiones pueden llevarte fuera de la voluntad de Dios, pero nunca fuera de su alcance.

Si somos infieles, él sigue siendo fiel, ya que no puede negarse a sí mismo.

2 Timoteo 2:13

«No» es una de las pocas palabras que no se pueden malinterpretar.

Cuando ustedes digan «sí», que sea realmente sí; y cuando digan «no», que sea no.

Mateo 5:37

Algunas personas se quejan de que Dios les pusiera espinas a las rosas, mientras que otras le alaban por poner rosas entre las espinas.

Por último, hermanos, consideren bien todo lo verdadero, todo lo respetable, todo lo justo, todo lo puro, todo lo amable, todo lo digno de admiración, en fin, todo lo que sea excelente o merezca elogio.

Filipenses 4:8

El puente que quemas ahora, quizá sea el que tengas que cruzar más tarde.

Si es posible, y en cuanto dependa de ustedes, vivan en paz con todos.

Romanos 12:18

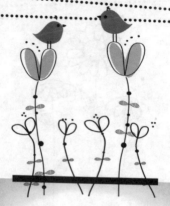

Los verdaderos amigos son los que, cuando te has convertido en una tonta, no creen que hayas hecho una obra permanente.

[El amor] todo lo sufre, todo lo cree, todo lo espera, todo lo soporta. El amor nunca deja de ser.

1 Corintios 13:7-8, RV-60

Muchos desean servir a Dios, pero en calidad de consejeros.

Humíllense, pues, bajo la poderosa mano de Dios, para que él los exalte a su debido tiempo.

1 Pedro 5:6

La conciencia es el sistema de alarma incorporado de Dios. Alégrate mucho cuando te haga sufrir. Preocúpate mucho cuando no lo haga.

Por esto, siempre trato de mantener una conciencia limpia delante de Dios y de toda la gente.

Hechos 24:16, NTV

Si tú no estás firme por algo, ¡caerás por cualquier cosa!

Porque habéis sido comprados por precio; glorificad, pues, a Dios en vuestro cuerpo y en vuestro espíritu, los cuales son de Dios.

1 Corintios 6:20, RV-60

Nunca debes permitir que la adversidad te haga caer, excepto de rodillas.

Estoy convencido de que ni la muerte ni la vida, ni los ángeles ni los demonios, ni lo presente ni lo por venir, ni los poderes, ni lo alto ni lo profundo, ni cosa alguna en toda la creación, podrá apartarnos del amor que Dios nos ha manifestado en Cristo Jesús nuestro Señor.

Romanos 8:38-39

El mejor puente entre la esperanza y la desesperación es a menudo una buena noche de sueño.

En vano madrugan ustedes, y se acuestan muy tarde, para comer un pan de fatigas, porque Dios concede el sueño a sus amados.

Santiago 4:10

Es bueno recordar que la tetera, aunque con el agua caliente hasta el cuello, no deja de cantar.

Estén siempre alegres [...] den gracias a Dios en toda situación, porque esta es su voluntad para ustedes en Cristo Jesús.

1 Tesalonicenses 5:16, 18

Es bueno ser cristiana y saberlo,
¡pero es mejor ser cristiana
y demostrarlo!

De este modo todos sabrán que son mis discípulos,
si se aman los unos a los otros.

Juan 13:35

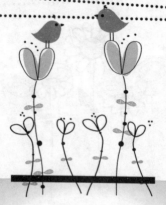

La tristeza mira hacia atrás.
El afán mira a su alrededor.
La fe mira hacia arriba.

Fijemos la mirada en Jesús, el iniciador y perfeccionador de nuestra fe, quien por el gozo que le esperaba, soportó la cruz, menospreciando la vergüenza que ella significaba, y ahora está sentado a la derecha del trono de Dios.

Hebreos 12:2

A veces, estamos tan ocupadas sumando nuestros problemas, que olvidamos contar nuestras bendiciones.

Prefiero recordar las hazañas del SEÑOR, traer a la memoria sus milagros de antaño. Meditaré en todas tus proezas; evocaré tus obras poderosas.

Salmo 77:11-12

Dios puede sanar un corazón destrozado, pero necesita tener todos los pedazos.

Dame, hijo mío, tu corazón.

Proverbios 23:26

Preocúpate más de lo que Dios piensa de ti que de lo que piensa la gente.

Más bien, busquen primeramente el reino de Dios y su justicia, y todas estas cosas les serán añadidas.

Mateo 6:33

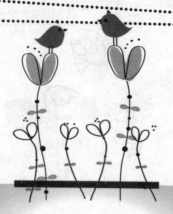

La mejor manera de tener la última palabra es pedir disculpas.

Si verbalmente te has comprometido, enredándote con tus propias palabras, entonces has caído en manos de tu prójimo. Si quieres librarte, hijo mío, este es el camino: Ve corriendo y humíllate ante él; procura deshacer tu compromiso.

Proverbios 6:2-3

¡Olvídate de ti misma por otros y otros no se olvidarán de ti!

Haz a los demás todo lo que quieras que te hagan a ti. Esa es la esencia de todo lo que se enseña en la ley y en los profetas.

Mateo 7:12, NTV

El secreto del contentamiento
es darse cuenta de que la vida es
un regalo y no un derecho.

Gran ganancia es la piedad acompañada de
contentamiento; porque nada hemos traído a este
mundo, y sin duda nada podremos sacar.

1 Timoteo 6:6-7

Las que atraen la luz del sol hacia la vida de los demás, no pueden evitar que llegue a sí mismas.

No se engañen: de Dios nadie se burla.
Cada uno cosecha lo que siembra.

Gálatas 6:7

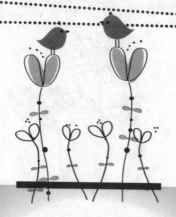

Las pequeñas cosas de la vida son las que determinan las grandes cosas.

Sobre poco has sido fiel, sobre mucho te pondré;
entra en el gozo de tu señor.

Mateo 25:21, RV-60

El contentamiento no es obtener lo que deseamos, sino estar satisfechas con lo que tenemos.

No lo digo porque tenga escasez, pues he aprendido a contentarme, cualquiera que sea mi situación.

Filipenses 4:11, RV-60

¡Dios más uno siempre es la mayoría!

Si Dios está de nuestra parte, ¿quién puede estar en contra nuestra?

Romanos 8:31

Cualquiera que chismea contigo
chismeará de ti.

La gente chismosa revela los secretos;
la gente confiable es discreta.

Proverbios 11:13

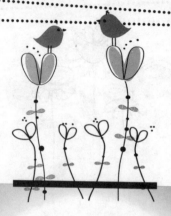

Jesús es un amigo que
conoce todas tus faltas y
te ama de todas maneras.

Dios demuestra su amor por nosotros en esto:
en que cuando todavía éramos pecadores,
Cristo murió por nosotros.

Romanos 5:8

Cada persona debería tener un cementerio especial en el cual sepultar las faltas de sus amigos y sus familiares.

Más bien, sean bondadosos y compasivos unos con otros, y perdónense mutuamente, así como Dios los perdonó a ustedes en Cristo.

Efesios 4:32

Un minuto de reflexión
vale más que una hora
de conversación.

Toma control de lo que digo, oh Señor,
y guarda mis labios.

Salmo 141:3, NTV

Tú puedes ganar más amigos con tus oídos que con tu boca.

Todos deben estar listos para escuchar,
y ser lentos para hablar y para enojarse.

Santiago 1:19

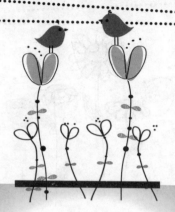

Tu visión no es lo que cuenta, sino tu mirada hacia arriba.

Fijemos la mirada en Jesús, el iniciador y perfeccionador de nuestra fe.

Hebreos 12:2

No es difícil hacer una montaña
de un grano de arena. Solo añádele
un poco de tierra.

Comenzar una pelea es como abrir las
compuertas de una represa, así que detente
antes de que estalle la disputa.

Proverbios 17:14, NTV

El arte de ser un buen huésped es saber cuándo marcharse.

No visites a tus vecinos muy seguido,
porque se cansarán de ti y no serás bienvenido.

Proverbios 25:17, NTV

Jesús es un amigo que
entra cuando se
marcha el mundo.

Estas cosas os he hablado para que en mí tengáis paz.
En el mundo tendréis aflicción; pero confiad,
yo he vencido al mundo.

Juan 16:33, RV-60

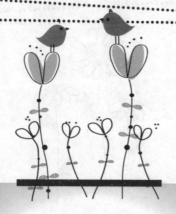

Los que menos merecen amor son los que más lo necesitan.

Pero yo os digo: Amad a vuestros enemigos, bendecid a los que os maldicen, haced bien a los que os aborrecen, y orad por los que os ultrajan y os persiguen.

Mateo 5:44, RV-60

La fe es desafiar el alma a
ir más allá de lo
que pueden ver los ojos.

Vivimos por fe, no por vista.

2 Corintios 5:7

Un espíritu criticón es como la hiedra venenosa: basta un leve contacto para que esparza su veneno.

Evita las palabrerías vacías y profanas, porque los dados a ellas, conducirán más y más a la impiedad.

2 Timoteo 2:16, LBLA

Dos cosas son malas para
el corazón: Subir corriendo las
escaleras y pasarle por
encima a la gente.

Eviten toda conversación obscena. Por el contrario, que
sus palabras contribuyan a la necesaria edificación
y sean de bendición para quienes escuchan.

Efesios 4:29

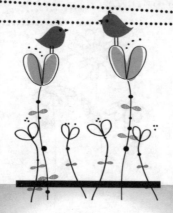

El buen humor es para la vida lo que los amortiguadores son para el automóvil.

Nuestra boca se llenó de risas; nuestra lengua, de canciones jubilosas. Hasta los otros pueblos decían: «El Señor ha hecho grandes cosas por ellos».

Salmo 126:2

La bondad es el aceite
que elimina
la fricción de la vida.

El fruto del Espíritu es [...] bondad.

Gálatas 5:22

Nuestros días son maletas idénticas, todas del mismo tamaño, pero algunos pueden poner más en ellas que otros.

Así que tengan cuidado de su manera de vivir. No vivan como necios sino como sabios, aprovechando al máximo cada momento oportuno.

Efesios 5:15-16

Perdonar es poner en libertad
a un prisionero y descubrir que
la prisionera eras TU.

Porque si perdonan a otros sus ofensas, también los
perdonará a ustedes su Padre celestial. Pero si no
perdonan a otros sus ofensas, tampoco su Padre les
perdonará a ustedes las suyas.

I Pedro 3:8

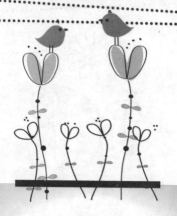

El corazón es más feliz cuando late por los demás.

Nadie tiene mayor amor que este, que uno
ponga su vida por sus amigos.

Juan 15:13, RV-60

Un verdadero amigo nunca
se te atraviesa en el camino
a menos que estés cayendo.

En todo tiempo ama el amigo; para ayudar en
la adversidad nació el hermano.

Proverbios 17:17

La risa es la escobilla
que elimina las telarañas
del corazón.

Gran remedio es el corazón alegre, pero el
ánimo decaído seca los huesos.

Proverbios 17:22

Dios tiene un historial
de usar lo insignificante para
lograr lo imposible.

Para los hombres es imposible, mas para Dios, no;
porque todas las cosas son posibles para Dios.

Marcos 10:27, RV-60

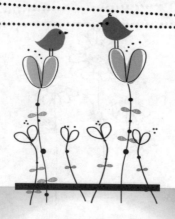

Las personas podrán dudar de lo que dices, pero siempre creerán lo que haces.

Al árbol se le reconoce por su fruto.

Mateo 12:33

La bondad es un lenguaje que pueden escuchar los sordos y ver los ciegos.

Porque grande es su misericordia para con nosotros, y la verdad del Señor es eterna. ¡Aleluya!

Salmo 117:2, LBLA

He hecho una regla del deber cristiano de no ir nunca a un lugar donde no le den cabida a mi Maestro ni a mí.

No formen yunta con los incrédulos. ¿Qué tienen en común la justicia y la maldad? ¿O qué comunión puede tener la luz con la oscuridad? [...] ¿Qué tiene en común un creyente con un incrédulo?

2 Corintios 6:14-15

Jesús puede convertir el agua en vino, pero no puede convertir tus quejas en cualquier cosa.

Háganlo todo sin quejas ni contiendas.

Filipenses 2:14

Una acción pequeñísima
es mejor que una intención
muy grande.

No amemos de palabra ni de labios para afuera,
sino con hechos y de verdad.

1 Juan 3:18

He sufrido muchas catástrofes
en mi vida. Casi ninguna
ha sucedido.

Dios no nos ha dado un espíritu de temor, sino un
espíritu de poder, amor y buen juicio.

2 Timoteo 1:7, DHH

Los sentimientos de culpa tienen
que ver con el pasado.
La preocupación tiene que ver
con el futuro. El contentamiento
disfruta el presente.

No lo digo porque tenga escasez, pues he
aprendido a contentarme, cualquiera que
sea mi situación.

Filipenses 4:11, RV-60

Las personas de tacto tienen menos de qué retractarse.

El corazón del justo medita sus respuestas,
pero la boca del malvado rebosa de maldad.

Proverbios 15:28

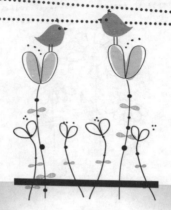

Estar en paz contigo misma es el resultado directo de haber hallado la paz con Dios.

La paz de Dios, que sobrepasa todo entendimiento, cuidará sus corazones y sus pensamientos en Cristo Jesús.

Filipenses 4:7

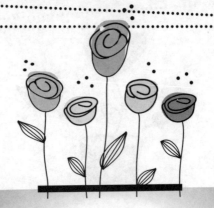

Si quieres hacer que un trabajo fácil parezca muy complicado, solo sigue posponiéndolo.

¿Hasta cuándo van a esperar para tomar posesión del territorio que les otorgó el Señor, Dios de sus antepasados?

Josué 18:3

El amor ve a través de un telescopio, no de un microscopio.

El amor es paciente, es bondadoso.
El amor no [...] guarda rencor.

1 Corintios 13:4-5

La vida no es un problema para resolver, sino un regalo para disfrutar.

Este es el día en que el Señor actuó;
regocijémonos y alegrémonos en él.

Salmo 118:24

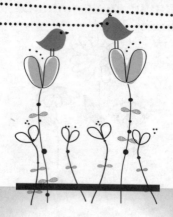

Una pinta de ejemplo vale un barril lleno de consejo.

Sigan todos mi ejemplo, y fíjense en los que se comportan conforme al modelo que les hemos dado.

Filipenses 3:17

Ten mucho cuidado de que tus huellas en la arena del tiempo solo dejen las marcas del talón.

La memoria de los justos es una bendición, pero la fama de los malvados será pasto de los gusanos.

Proverbios 10:7

Si te pusieran un apodo que describiera tu carácter, ¿te sentirías orgullosa de este?

De más estima es el buen nombre que las muchas riquezas.

Proverbios 22:1, RV-60

Es fácil identificar a las
personas que no pueden
contar hasta diez.
Están delante de ti. Están en la
línea rápida del supermercado.

Sean pacientes con todos.

1 Tesalonicenses 5:14

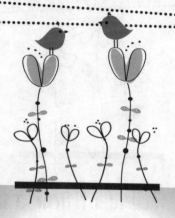

Tacto es el arte de
ganar una discusión sin
ganar un enemigo.

El charlatán hiere con la lengua como con una espada,
pero la lengua del sabio brinda alivio.

Proverbios 12:18

El silencio es uno de los argumentos más difíciles de refutar.

El que refrena su boca y su lengua se libra de muchas angustias.

Proverbios 21:23

La mejor antigüedad es un viejo amigo.

No abandones a tu amigo ni al amigo de tu padre [...] Más vale vecino cercano que hermano distante.

Proverbios 27:10

Si no puedes alimentar a cien personas, alimenta solo a una.

Siempre que tengamos la oportunidad, hagamos bien a todos, y en especial a los de la familia de la fe.

Gálatas 6:10

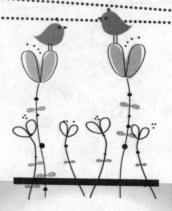

El problema de estirar la verdad es que esta suele rebotar.

El testigo falso no quedará sin castigo; el que esparce
mentiras no saldrá bien librado.

Proverbios 19:5

Los cumpleaños son buenos
para ti. Las estadísticas indican
que cumplen más años los que
viven más tiempo.

Enséñanos a contar bien nuestros días, para
que nuestro corazón adquiera sabiduría.

Salmo 90:12

Las faltas son gruesas donde el amor es delgado.

Sobre todo, ámense los unos a los otros profundamente, porque el amor cubre multitud de pecados.

1 Pedro 4:8

La única manera de tener una amiga es ser una amiga.

El hombre que tiene amigos ha de
mostrarse amigo.

Proverbios 18:24, RV-60

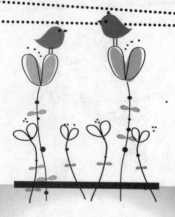

El mundo quiere lo mejor de ti, pero Dios quiere tu todo.

Ama al Señor tu Dios con todo tu corazón, con todo tu ser y con toda tu mente.

Mateo 22:37

La visión retroactiva explica
el daño que hubiera
evitado la previsión.

No abandones nunca a la sabiduría, y ella te protegerá;
ámala, y ella te cuidará [...] Cuando camines, no
encontrarás obstáculos; cuando corras, no tropezarás.

Proverbios 4:6, 12

No hagas en la oscuridad de la noche lo que evitarías en pleno día.

La noche está muy avanzada y ya se acerca el día. Por eso, dejemos a un lado las obras de la oscuridad y pongámonos la armadura de la luz.

Romanos 13:12

Estoy derrotada, y soy consciente de esto, si me encuentro con algún ser humano de quien no pueda aprender algo.

Escuche esto el sabio, y aumente su saber;
reciba dirección el entendido.

Proverbios 1:5

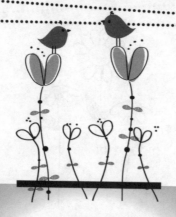

La honestidad es el primer capítulo del libro de la sabiduría.

No paguen a nadie mal por mal. Procuren hacer lo bueno delante de todos.

Romanos 12:17

Dios siempre da lo mejor
que tiene a los que le dejan
la elección a Él.

Bendito el Señor; cada día nos colma de beneficios
el Dios de nuestra salvación.

Salmo 68:19, RV-60

Muchos confunden una mala memoria con una buena conciencia.

Y por esto procuro tener siempre una conciencia sin ofensa ante Dios y ante los hombres.

Hechos 24:16, RV-60

La fe no es creer
sin pruebas,
sino confiar sin reservas.

Yo sé en quién he puesto mi confianza y estoy
seguro de que él es capaz de guardar lo que le
he confiado hasta el día de su regreso.

2 Timoteo 1:12, NTV

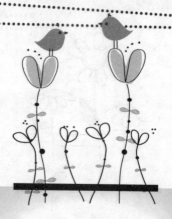

Un día con un dobladillo de oración no es fácil que se deshilache.

En toda ocasión, con oración y ruego, presenten sus peticiones a Dios [...] Y la paz de Dios, que sobrepasa todo entendimiento, cuidará sus corazones y sus pensamientos en Cristo Jesús.

Filipenses 4:6-7

Cuando huyas de las tentaciones, no dejes tu nueva dirección postal para que te remitan la correspondencia.

Huye de las malas pasiones de la juventud, y esmérate en seguir la justicia, la fe, el amor y la paz, junto con los que invocan al Señor con un corazón limpio.

2 Timoteo 2:22

Una coincidencia es un pequeño
milagro en el que Dios prefiere
permanecer en el anonimato.

¿Quién puede proclamar las proezas del Señor,
o expresar toda su alabanza?

Salmo 106:2

A veces, Dios calma la tempestad; otras veces, deja que ruja la tormenta y calma a sus hijos.

La paz de Dios, que sobrepasa todo entendimiento, cuidará sus corazones y sus pensamientos en Cristo Jesús.

Filipenses 4:7

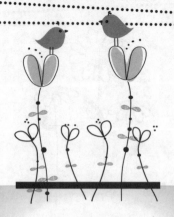

El pasado debiera ser un trampolín, no una hamaca.

Me concentro solo en esto: olvido el pasado
y fijo la mirada en lo que tengo por delante.

Filipenses 3:13, NTV

El maestro les pidió a los alumnos que
le dijeran el significado de bondad.

Un niño se puso de pie de un salto
y dijo: «Bueno, si tuviera hambre y
alguien me diera un pedazo de pan,
eso sería compasión, pero si le
pusiera encima un poco de jalea,
eso sería bondad».

Bendice, alma mía, al Señor [...] el que te corona de
bondad y compasión; el que colma de bienes tus años,
para que tu juventud se renueve como el águila.

Salmo 103:1, 4-5, LBLA

La risa es un calmante sin efectos secundarios.

El corazón alegre es una buena medicina.

Proverbios 17:22, NTV

Dios nunca pregunta por nuestra habilidad ni por nuestra inhabilidad, solo por nuestra disponibilidad.

Entonces oí la voz del Señor que decía:
—¿A quién enviaré? ¿Quién irá por nosotros?
Y respondí:
—Aquí estoy. ¡Envíame a mí!

Isaías 6:8

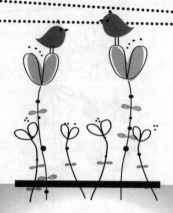

Ya sea que pienses que puedes
o que no puedes, tienes razón.

Porque cual es su pensamiento en su
corazón, tal es él.

Proverbios 23:7, RV-60

La mejor manera de
alegrarte es alegrar
a otra persona.

Den, y se les dará.

Lucas 6:38

El fracaso no es caer. Es permanecer caído.

Porque siete veces podrá caer el justo,
pero otras tantas se levantará.

Proverbios 24:16

Nadie puede hacerte sentir inferior sin tu consentimiento.

¡Te alabo porque soy una
creación admirable!

Salmo 139:14

Nadie puede hacerte
sentir inferior sin
tu consentimiento.

REFERENCIAS

A menos que se indique lo contrario, las citas bíblicas se tomaron de la Santa Biblia, Nueva Versión Internacional. © 1999 por la Sociedad Bíblica Internacional.

El texto bíblico indicado con «NTV» ha sido tomado de la Santa Biblia, Nueva Traducción Viviente, © Tyndale House Foundation 2008, 2009, 2010. Usado con permiso de Tyndale House Publishers, Inc., 351 Executive Dr., Carol Stream, IL 60188, Estados Unidos de América. Todos los derechos reservados.

Las citas bíblicas señaladas con RV-60 se tomaron de la Santa Biblia, Versión Reina Valera 1960. © 1960 por la Sociedades Bíblicas en América Latina; © renovado 1988 Sociedades Bíblicas Unidas. Utilizado con permiso.
Reina-Valera 1960® es una marca registrada de la American Bible Society, y puede ser usada solamente bajo licencia.

Las citas bíblicas señaladas con DHH se tomaron de Dios Habla Hoy, la Biblia en Versión Popular por la Sociedad Bíblica Americana, Nueva York. Texto © Sociedades Bíblicas Unidas 1966, 1970, 1979.

Las citas bíblicas señaladas con LBLA se tomaron de la Santa Biblia, La Biblia de Las Américas. © 1986 por The Lockman Foundation.

Las citas bíblicas señaladas con LBD se tomaron de la Santa Biblia, La Biblia al Día. © 1979 por la Sociedad Bíblica Internacional.

Otros títulos de la serie:
Los libritos de instrucciones de Dios están
disponibles en las librerías de su localidad.

- 9780789903518   El librito de instrucciones de Dios
- 9780789903525   El librito de instrucciones de Dios
  para mujeres
- 9780789905444   El librito de instrucciones de Dios
  para madres
- 9780789905451   El librito de instrucciones de Dios
  para hombres
- 9780789905475   El librito de instrucciones de Dios
  para jóvenes
- 9780789907011   El librito de instrucciones de Dios
  para los padres
- 9780789907813   El librito de instrucciones de Dios
  para líderes
- 9780789908506   El librito de instrucciones de Dios:
  Proverbios